GOBOOKS
& SITAK
GROUP©

Gianluca Bavagnoli 蔣盧卡・巴瓦諾利／著　　Ghiara Gollinassi 奇佳拉・克里納西／繪
銳拓／譯

喵的呼嚕呼嚕
≫ 生存之道 ≪

**Impara dal tuo gatto
a sconfiggere ansia e stress**

享受獨處、好好吃飯，
崩潰就睡覺的自在人生

引言

牠靜靜地呆在那裡，神秘兮兮地看著你，然後起身、舒展四肢、靈活地走過來、跳到你懷中、舔舔你的手，或頭也不回地走去另一個房間。當牠又走過來時，常常是為了讓你餵牠吃的，或者是趕牠身上的蟲子。

毫無疑問，貓咪是一種「佛系」生物。牠沉著冷靜，隨心所欲，不輕易妥協，也不希望取悅任何人，堅守著「一切都理所應當」的唯一原則。

跟隨貓咪的腳步，你將從內耗中解脫，慢慢戰勝困擾你的焦慮和壓力。希望這本書對你有幫助，讓你和貓咪朋友越來越像。如果你不信的話，那就伸出你的爪子翻開這本書吧，可別把小指甲也伸出來了啊。

讀得開心，喵！

不要一團亂麻

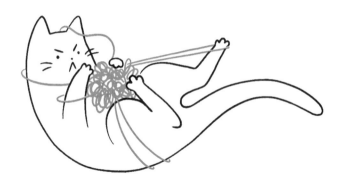

當事情變得越來越複雜時，後退一步，
找找線團的線頭在哪裡。

聆聽內心的音樂

當你感到困惑時，就跟著音樂開始跳舞吧。

學著認清極限

一些問題是可以解決的，另一些嘛⋯⋯
就不是這樣了。

合理利用空間

（發出咕嚕嚕的撒嬌聲，大家都會原諒你。）

學會等待

有時候解決問題的最好方法就是什麼也不做。

不要放棄探尋

……如果你覺得自己進了絕境，
那就大聲喵喵地叫出來吧！

消極抵抗

不要讓任何人打破你的原則。

因為小事感到滿足

也許這不能解決任何問題……
但是會讓你的臉上重現笑容！

不要在乎其他人

你才是你生活的中心，
你的需求才是第一位。

不要滿足於簡單的
解決方法

有時，為了找到幸福，你必須一直走下去！
（想方設法在所不惜！）

瑜伽貓咪

· SAVASANA ·

攤屍式，又稱大休息

塗色遊戲

花一點時間冥想

往往用心感受當下時，
問題就迎刃而解了。

在戶外度過一些時光

（無聊乏味總比去工作好。）

永遠不要忘記充實大腦

（噗……書拿反了啦！）

等待屬於你的時機

有時似乎一切都事與願違，
但是嘛，只要你不放棄，早晚都會等到……

找到你的舒適區

也許有人會覺得你的舒適區一點都不舒適，
但想想安全感帶給你的好處吧！

努力爭取更多

知足常樂……
但是不滿足會更快樂！

享受自然

在花叢中間，
總是藏著有趣的東西！

尋找珍藏在心中的夢想

……如果找不到的話，也別浪費時間整理了，
換個地方找吧！

及時表達需求永遠也不晚

貓咪聯盟至少能給你一個摸摸或
者一些貓糧。

盡情發洩

不要把什麼都放在心裡，
有機會的話，就去磨磨爪子吧。

瑜伽貓咪

· BALASANA ·

嬰兒式

請找到 7 處不同

留點時間做自己喜歡的事

生活很難，有時你會想逃避。
但是留點時間在自己身上，
心情就會好起來。

想到什麼就去做

(看起來像個瘋子會幫你省掉很多麻煩。)

武術能夠幫助你集中精力，
重新找回自己

噓……人們說的可是「重新找回自己」哦！

學會平衡

如果摔下來了，
那就祈禱貓咪真的有九條命吧……

送禮物給自己

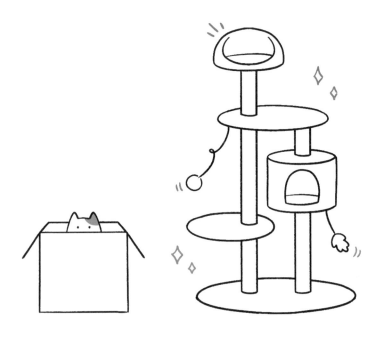

（我說的可不是紙箱哦，
但如果你喜歡的話，那也不是不行……）

意識到你的獨一無二

如果你找到了自己的複製體，
趕緊想想怎麼把它消滅掉！

永遠不是你的錯

否認，逃跑，相信我准沒錯。

自己動手，豐衣足食

這能讓人放鬆下來、沒有心理負擔，
還能帶來驚喜呢！

瑜伽貓咪

· ADHO MUKHA ·
SVANASANA

下犬貓式

及時把握機會

在九次貓生中，有利時機只會出現一次。

抵抗誘惑

如果你做不到，也不用傷心哦。

偶爾允許自己尋求刺激

如果你成功了，
那你在喝酒時和朋友就有得聊了。

享受生活

有時抓癢癢比1000粒貓糧還值得呢！

總是展示最好的一面

（欸，不是這一面啊……）

做伸展運動

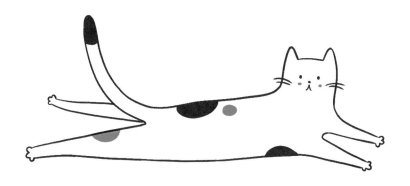

在好好睡了一覺之後，
你需要做一下伸展運動。

維持生活的平衡，
需要有條不紊，保持整潔

（掃地機器人好像不是這樣用的吧，
但是這樣用也沒事啦……）

讓自己感受到被關愛

這是世界上最好的對抗壓力的方式，
而且一塊錢都不用花！

認真選擇睡覺的地點和方式

有安全感是好好休息的第一步。

瑜伽貓咪

· VIRABHADRASANA II ·

戰士第二式

改變生活方式

這可能對你有好處。

向別人尋求慰藉

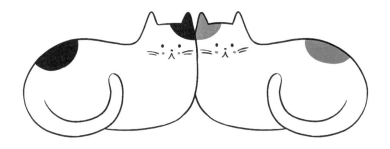

孤獨感可是會讓焦慮增加三倍的哦！

永遠不要與世隔絕

貓咪法典規定，每天至少要打一次視訊電話。

怡然自得

別人怎麼想並不重要。

不經一事不長一智，
不要苛責自己

（但也要迅速從犯罪現場離開，
離得越遠越好！）

不要掩飾恐懼

有時候吧，冒險也挺好玩的⋯⋯
但一定得是今天嗎？

穿著舒適

束手束腳永遠不會帶來好心情。

永遠別感到羞愧

要為犯錯感到驕傲，因為它能助你成長。

瑜伽貓咪

· TIRYAKA TADASANA ·

風吹樹式

花時間放空自己

這是一個簡單又有效的療法，
屢試不爽！

大膽想像

就像別人說的那樣，邏輯能夠幫你從A推到B，
但想像卻能夠把你帶到任何地方。

提高適應力

做出最壞的打算，
往往能避免事情向不好的方向發展。

每人都有自己的小惡習

（但如果你輸了的話，就及時止損回家去吧，
不然只會感到壓力山大⋯⋯）

遊戲永遠很重要

微笑是有益於身心的自然良藥。

無論如何，總要嘗試

無論夢想多遠，都要去追尋。

永遠懷有希望

在看似最不可能的情況下，
生活會帶給我們最大的驚喜。

愛自己

要時不時地抽出時間，
做一些對自己有好處的事情。

打起精神

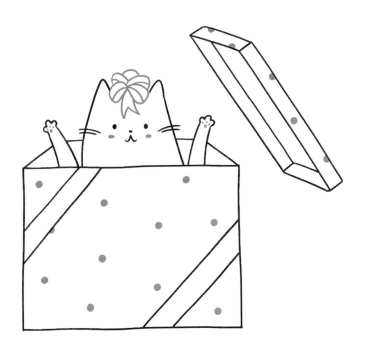

如果覺得自己是天賜禮物，就得積極向上。
你已經做到了！

瑜伽貓咪

· PADMASANA ·

蓮花式

這又是什麼遊戲呢？

把貓咪的名字和它們的畫像連起來！

虎斑貓

波斯貓

暹羅貓

西伯利亞貓

斯芬克斯貓

蘇格蘭折耳貓

A

B

C

D

E

F

目標高遠

畢竟人們都喜歡悄無聲息的安於現狀……

記得幫自己充電

儘管冥想和睡覺的區別很小，
但無論如何都對你有好處。

謹慎行事

和信任的人往來，
是你安穩生活的關鍵。

每天都跑一跑

「有健全的身體才有健全的精神」[1]，
大家都知道這是不容置疑的真理。

1 原文為拉丁語諺語：Mens sana in corpore sano

保持專注

大腦越集中精力，結果就越令人滿意。

和朋友出門玩

拔掉插頭，偶爾放鬆一下，
這可是永保青春的靈丹妙藥！

永遠不要喪失希望

耐心和堅持不懈是讓你重獲新生的必備品質。

為信仰而戰

重要的不是用什麼武器，而是如何使用武器。

同樣的錯不要犯兩次

試著預見每個行為會帶來的後果！

瑜伽貓咪

· VRKSASANA ·

樹式

你怎麼稱呼貓咪呢？

在這裡寫下你給貓咪取過的最有趣的綽號吧！

不要讓自己陷入麻煩

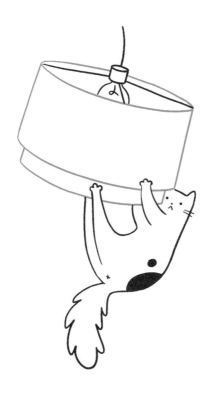

（如果真陷入了麻煩，記住要大聲喵喵叫！）

某些情況下，趁沒人注意偷偷溜走是最好的選擇

打頭陣總是讓你的人生充滿危險……
真的值得這麼做嗎？

要奮鬥，也要順其自然

為什麼總要把事情搞複雜呢？

不要讓自己陷入無路可走的境地

（如果事情真發生了，記得要伸出爪子，
露出尖牙來保護自己！）

總是保持年輕心態

永遠不要說出自己的真實年齡。

保持頭腦清醒

外出郊遊能夠幫助你解決許多問題。

從另一個角度看世界

有時候你能發現意料之外的事……

一次只做一件事

幸福隱藏在每一天的小成就之中。

勇於冒險

呼吸新鮮空氣，外出旅行，盡情玩樂！

永遠要覺得自己獨一無二，與眾不同

只要相信自己，沒什麼不可能！

瑜伽貓咪

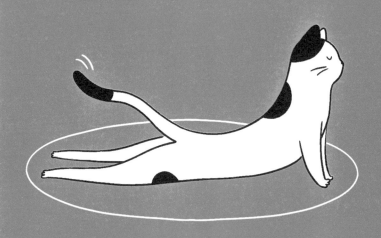

· URDHVA MUKHA ·
SVANASANA

上犬貓式

找到與眾不同的貓咪

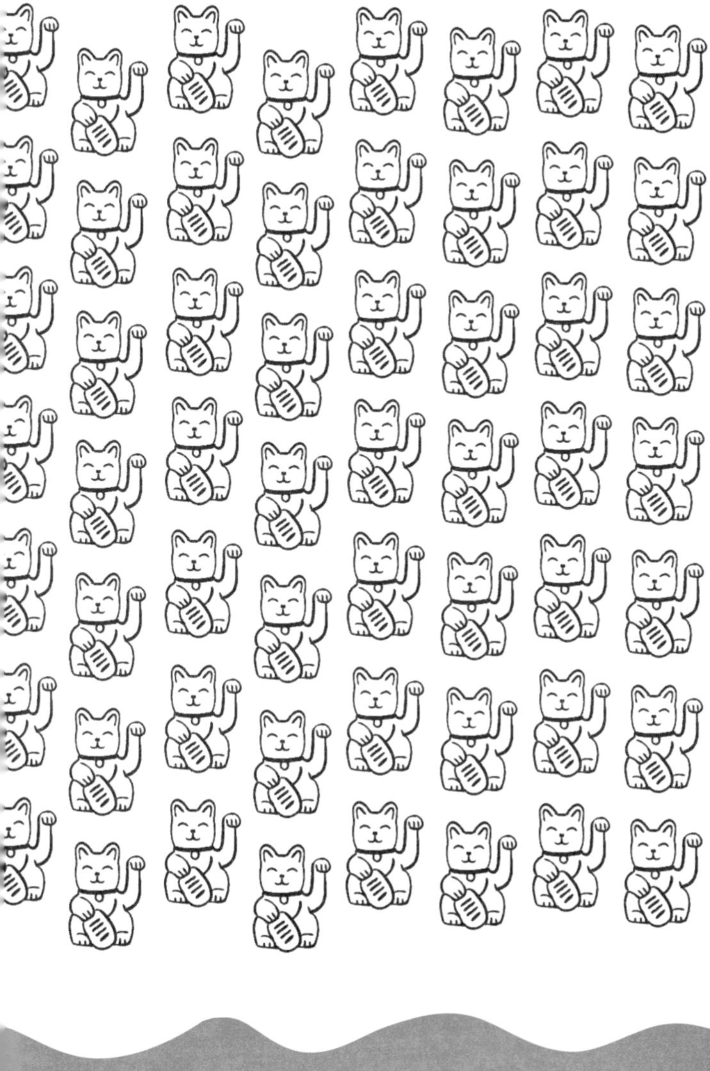

可是……
你是哪一種貓咪呢？

人類和貓咪的相似點非常多，
以至於有些人比貓咪還貓咪……
在幾千年來嚴謹研究的基礎上，我們將貓咪分為了以
下24類，你和哪種貓咪最像呢？

P.S.：如果你不能在接下來的內容中找到和你最像的貓
咪，這就說明你還是太具有人類的特點了。那就從第1
頁開始，再看一遍書吧！

狡猾貓

事實的確如此：當你向男生求助，讓他幫你做任何事情時，無論對方是人還是貓，你柔和慵懶的眼神總能讓他們對你有求必應。但你真的覺得這是達到目的的唯一方法嗎？舒舒服服地蜷縮在沙發上，思考如何巧妙地用好自己的九條命難道不會更好嗎？

2

害怕貓

•»»———‹‹‹•

如果你早上醒來後，立馬覺得一切都會很糟糕，那麼生活自然不會如意。從明天起，不妨試試笑著醒來。即便是獨自一人，也要發出心滿意足的呼嚕聲，再不濟還可以和鏡子裡的自己作伴（可不要把鏡子打碎哦）。然後邁出右腳向前出發，你甚至會發現路上的便便都變少了！

魔力貓

有點異想天開，有點漂亮可愛，又會點魔法：你看，這就是你。你和任何人都能夠融洽相處，一轉頭就可以變換說話的聲調和說話的方式。你周旋於眾人之間，能夠遊刃有餘地處理任何事，所有人都有點仰慕你。你使用魔法是為了不讓自己受限於人，但是你不想跳脫出來，去到更高的地方嗎？

4

社畜貓

你是不是總是昂首挺胸，一絲不苟，有點像凡托齊[2]，又有點像Maccio Capatonda[3]？是時候做出改變了。別再唯命是從了，把你成千上萬的電子表格放到一邊，順其自然吧，我們不能掌控所有事！

---

1 義大利小說《凡托齊》的主角，是一位運氣不好的會計，該小說後由保
羅‧維拉吉奧改變為電影。

2 義大利著名喜劇演員。

5

熱鐵皮屋頂上的貓 [4]

你覺得你命中註定要全身心地去愛卻得不到任何回報嗎？你覺得自己總是被辜負嗎？照照鏡子，停下來思考一下你能怎麼改變自己吧。有時伸出爪子撓人可比撫摸更有用⋯⋯

4 美國劇作家田納西·威廉斯傳作的劇本，直譯名為《熱鐵皮屋頂上的
  貓》，曾獲普立茲文學獎，1958年由查理德·布魯克斯改編為同名電
  影，台灣譯作《朱門巧婦》。

6

焦慮貓

在和你待了一個小時後，你的朋友回家時就像跑了馬拉松一樣累。你在這六十分鐘內，六次建議對方改變生活，提到了四個不同的地點，和餐廳的服務員吵了架，罵了電話那頭的某個人，甚至還僅僅因為一個路人搶先走在了你前面而大發雷霆。可能你的朋友還沒到吃藥的程度，但他也許已經準備掛個專家號進行心理疏導了，我是說也許啦……

黏人貓

如果有貓咪把爪子往右移了一點，你也立刻把爪子往右移。如果牠把爪子往左移呢？你看，你又會跟著這麼做。所有人都需要有自己的空間，記住啊，緊緊黏住別人，讓他們覺得窒息的話，可是會有後果的哦……而且結果通常都不會太好哦！

8

守舊貓 [5]

「一切都應該改變」，你總是這麼喵喵叫，但是你自己卻墨守成規，比薩丁島上的塔狀建築還死板。世界在變化，代代人後浪推前浪，可你卻還是在那裡，永遠穿著精緻的米色長褲和尼龍襯衫，爪子裡過時地端著一杯雞尾酒，嚴格來講，杯子裡連吸管都沒有。抱殘守缺真的不會讓你感到不安嗎？

---

5 原文意指義大利文學作品《豹》，台灣譯作《浩氣蓋山河》，講述的是
  十九世紀西西里巴勒莫上流社會薩利納家族漸漸由貴族移至平民百姓的
  劇烈轉變過程。

9

難搞貓

·»»———«« ·

你的回答總是：「不，不，不」……這怎麼行呢！要想討人喜歡，要學會和人溝通交流。在說了太多次「不」之後，試著說一次「好」吧，你會發現世界立馬寬容了起來。在這之後再說「不」的話，你的拒絕也會比較有價值。

10

精力貓 [6]

你從來不會停下來，從不。你像有十六個肺一樣，總是有花不完的精力。你在早晨第一個醒來，為大家準備早餐，你是足球比賽的勝利者、夢幻聯賽[7]的組織者，你是最優秀的職工，還是第一個沖出去抓老鼠的貓咪……你難道就不怕你鋼鐵般的意志與活力招人反感嗎？

6　原文GATTUSO，義大利著名足球運動員。
7　義大利足球遊戲。

嗜酒貓

你是喝酒女王，早上起來後就開始倒計時，迫不及待地期望和姊妹們開懷暢飲。喝酒確實是貓生中不可缺少的美事，但讓喝酒碰杯成為你生活的中心真的好嗎？試著慢慢少喝點酒吧，你會發現你看起來更酷了！

12

出頭貓

你總是站在最前線，甚至當其它貓咪在為買圓形貓砂盆還是六角形貓砂盆這種荒唐事打架的時候，你也不會缺席。你從不停止、從不滿意、永遠在抗議……抗議什麼呢？你真的有好好想過這個問題嗎？

13

籠中貓

•》》》———《《《•

你覺得自己被關了起來，在籠子裡搖搖晃晃，被人提著穿梭在路上，和無數人擦肩而過。我告訴你，事情總是這樣。但只要還有空氣與陽光，總會有希望獲得自由！有時逃離現狀的路就在你眼前：或許只用把你的小爪子伸到給自己劃定的界限之外就足夠了……

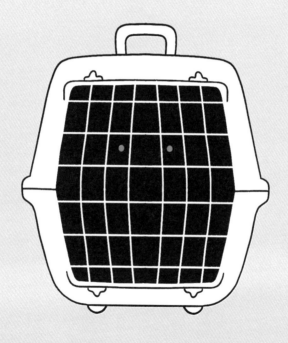

14

古板貓

·>>>———<<<·

我不得不承認，你上週至少說了一次這句話：「這以前都是郊區呀」，或者「有手機後，人們都不面對面交流了」。我說得對嗎？那你就要注意了：時代在進步，止步不前的是你。快清醒過來，舒展四肢，加快步伐跑起來吧，趕上大部隊還來得及！

15

愛演貓

·»»———«·

如果讓十個認識你的人描述你，我們會得到
十個不同的答案……你也知道，對吧？這就
是那些取悅別人，或者想要獲取別人注意力
的貓咪可能會遇到的窘境，因為它們總是按
照別人的喜好表現自己。但是說實在的，你
可是有自己個性的哦！為什麼總是要把自己
藏在「」的戲劇面具之下
呢？

16

交際貓

·»»——«« ·

對於你來說，正在注視著你的人和正在開心玩著手機的人沒什麼不同，因為你都會走過去，然後和他們說話……你非常自來熟，你會和他們談論天氣、萬物、運動或者流感。快停下來吧，不然所有人就要像躲癩皮狗一樣躲著你啦！

討好貓

是的，我們知道你需要陪伴，沒辦法一個人單獨相處。但你不覺得總是需要透過照顧別人來體現自己的重要性有點不太正常嗎？去閱讀、旅行、解放天性吧……最重要的是，找到自己的愛好！

18

惹事貓

•»»————«««•

呃，沒什麼好說的，反正你到哪裡，哪裡就
會一團糟。你還記得《猜火車》[8]中貝格比
自己砸碎一個大酒瓶，並將此作為攻擊別人
的藉口嗎？如果你也想和人起衝突的話，是
時候反思一下了。冷靜下來，別好了傷疤忘
了痛！

19

傻眼貓咪

「我簡直不能相信」是你的口頭禪。你的朋友經常會給你講一些荒謬的故事，只為了取笑你每次都會露出的目瞪口呆的表情……明早試著喝兩杯咖啡，好好洗個冷水澡，看看報紙，然後體面地走出家門，你的表情一定會有所改變！

20

傲嬌貓

「我不會和那隻貓說話」、「這也太無聊了吧」、「我試都不會和那只貓試一下，反正⋯⋯」，天哪，你以為你是誰啊？在你的貓生中，至少下一次神壇吧，試著聽一聽他人的建議，你會煥然新生的！

21

被害妄想貓

你總是抱怨沒人信任你，但如果別人問你：
「你信任誰呢？」，你會回答：「我連我自
己都不相信」。你的確是一隻狠起來連自己
尾巴都咬的貓咪！揭下面具，別再想要怎麼
報復他人和世界了，這樣的話，一切都會容
易許多。

22

夢想貓

「金貓獎得主是……」，就算是在白天，你也會夢到自己獲獎。你覺得人們都不懂你，但是你深信不疑，屬於你的時代遲早會來。要想實現夢想，你需要努力工作，而不是等待命運的安排！捲起袖子繼續加油，放下你高傲的尾巴，一步一個腳印，你會成功的。

23

彆扭貓

·》》——《《·

你說了一句話，一分鐘之後又不承認了。如果別人問你喜歡A還是B，你會口是心非地回答，並且希望別人明白你的小把戲。總之吧，你好像活在《大富翁》的世界，總是抽到「回到起點」的卡片，每往前走一步之前都要退一步。如果你不是班傑明·巴頓[9]的話，最好快點醒悟過來！

9 美國電影《班傑明的奇幻旅程》的主角，以80歲老人的形象出生，隨著歲月流逝越來越年輕，最終變成嬰兒。

24

煩人貓

·>>>———<<<·

你只用幾招就能讓人筋疲力盡、喪失耐心。
順帶一提，這幾招都要老掉牙了。你總是向
周圍的人施加壓力，你最喜歡問的問題是：
「然後呢？」和「我們什麼時候見面？」。
而且，如果有人不接你電話，你就會開始電
話轟炸。你知道你有多煩人嗎？爪子都快把
別人的褲子抓爛啦！

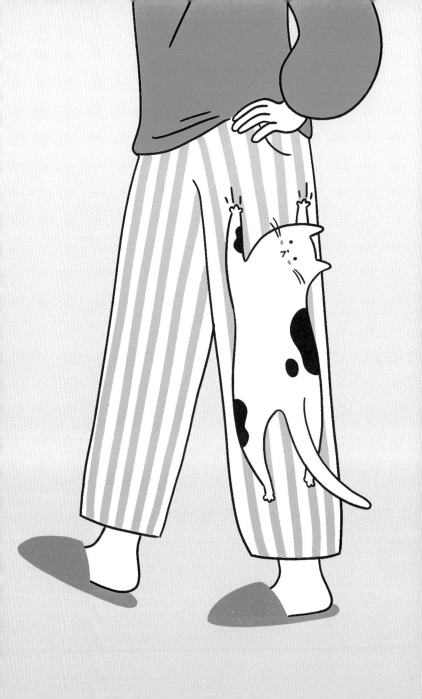

找到7處不同

走迷宮

這又是什麼遊戲呢

虎斑貓：Ｃ；波斯貓：Ａ；暹羅貓：Ｆ；西伯利亞貓：Ｅ；
斯芬克斯貓：Ｂ；蘇格蘭折耳貓：Ｄ

找到與眾不同的貓咪

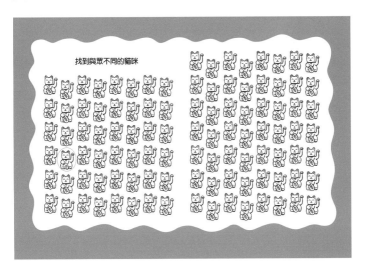

另：根據貓咪種類的劃分標準，我們知道了奇佳拉[10]是害怕貓，而蔣盧卡毫無疑問是古板貓。

10奇佳拉和蔣盧卡均為本書作者。

高寶書版集團
gobooks.com.tw

CI 159
喵的呼嚕呼嚕生存之道
Impara dal tuo gatto a sconfiggere ansia e stress

作　　者	蔣盧卡・巴瓦諾利 Gianluca Bavagnoli
繪　　者	奇佳拉・克里納西 Chiara Collinassi
譯　　者	銳拓
責任編輯	吳珮旻
封面設計	林政嘉
內頁排版	賴姵均
企　　劃	鍾惠鈞
版　　權	張莎凌

發行人　朱凱蕾
出　　版　英屬維京群島商高寶國際有限公司台灣分公司
　　　　　Global Group Holdings, Ltd.
地　　址　台北市內湖區洲子街88號3樓
網　　址　gobooks.com.tw
電　　話　（02）27992788
電子信箱　readers@gobooks.com.tw（讀者服務部）
傳　　真　出版部（02）27990909　行銷部（02）27993088
郵政劃撥　19394552
戶　　名　英屬維京群島商高寶國際有限公司台灣分公司
發　　行　英屬維京群島商高寶國際有限公司台灣分公司
初版日期　2023年12月

© 2022 HarperCollins Italia S.p.A., Milano
Published by arrangement with HarperCollins Italia S.p.A.
First published 2022 in Italian under the title Impara dal tuo gatto a sconfiggere ansia e stress
The Complex Chinese translation rights arranged through Rightol Media (本書中文繁體版權經由銳拓傳媒旗下小銳取得Email: copyright@rightol.com）

國家圖書館出版品預行編目(CIP)資料

喵的呼嚕呼嚕生存之道/蔣盧卡.巴瓦諾利(Gianluca Bava-gnoli)作；銳拓譯. -- 初版. -- 臺北市：英屬維京群島商高寶國際有限公司臺灣分公司, 2023.12
　面；　公分

譯自：Impara dal tuo gatto a sconfiggere ansia e stress.

ISBN 978-986-506-870-7(平裝)

1.CST: 修身　2.CST: 生活指導

192.1　　　　　　　　　　　　　112020425